LETTRES

ECRITES

DE MÉRY-SUR-SEINE,

SUR LA CONSTITUTION.

1.ère et 2.me Lettres.

A PARIS,

Chez DELAUNAY, Libraire, Palais-Royal, Galerie
de bois.

DE L'IMPRIMERIE DE L. P. DUBRAY,
RUE VENTADOUR, N.º 5.

MAI 1814.

LETTRES

ÉCRITES

DE MÉRY-SUR-SEINE,

SUR LA CONSTITUTION.

PREMIERE LETTRE.

Méry-sur-Seine, le 1.er mai 1814.

A Monsieur P. de B., à Paris.

J'ai reçu, Monsieur, la foule de brochures, de pamflets, de satires, de grandes plaintes, de petites déclamations, d'hymnes que vous m'avez envoyés de Paris. Je vous en remercie. Vous voulez qu'en retour je vous écrive de longues lettres, que j'abandonne les travaux de mes champs et suspende la douleur que me cause la misère dont je suis entouré dans les plaines de la Champagne, pour vous parler de politique et de constitution. Vous me tenez si bien au courant de ce qui se passe à Paris, et ma curiosité est tellement éveillée, qu'il me sera impossible de vous refuser, et que je vous ferai repentir de votre demande en vous renvoyant, dans une seule lettre, autant de sottises qu'en contiennent toutes vos brochures. Cependant, c'est beaucoup dire. Je pourrais d'un seul mot, et sans que vous eussiez de reproches à me faire, couper court à toute discussion, et conclure, sans examen et sans preuves, à l'exemple de la plupart des écrits qui vous inondent, *qu'il ne faut point de constitution.* C'est là, me dites-vous, l'opinion publique ; et ce qui se croit à Paris exclusivement sensé, rejette l'idée de constitution. Comme il faut de petits schismes, même dans les sectes les plus raisonnables, les anti-constitutionnels sont divisés en deux partis qui, je le crois comme vous, ne se feront pas beaucoup de mal; les uns disent *point de constitution*, et s'en tiennent à ces paroles décisives; les autres, fiers d'avoir fait un pas vers une opinion, demandent avec hardiesse que le Roi rétablisse purement la constitution du règne de Louis XIV.

Je n'ai pas, Monsieur, passé toute ma vie à Méry-sur-Seine. Quoique toujours ami de la retraite, j'ai voyagé. J'ai visité la Grèce, et l'Italie. Un ami m'accompagnait, il avait les mêmes goûts que moi. Il y a trente ans, que voulant mettre un terme à nos courses, nous résolûmes de nous fixer sur les bords du golfe de Naples, dans une maison de campagne qui nous offrait toutes les délices de la nature et de l'art. Nous avions de la fortune, le luxe de vanité ne nous touchait plus, nous employâmes tout à augmenter les jouissances de l'ame. Notre maison vaste fut ornée de tableaux et de statues, des collines s'élevèrent à grands frais dans nos charmans jardins, chacune avait son paysage ; la ville et cette belle mer, source de tant d'émotions, s'offraient à nous sous mille aspects divers : de tous les points on voyait le Vésuve ; là nous jouissions de deux printemps dans la même année ; tous les arts, enfans de ce doux climat, embellissaient notre vie; deux jeunes beautés que nous avions amenées d'Athènes occupaient un pavillon séparé : nous goûtions dans leurs entretiens et dans leurs bras tous les plaisirs de l'amour, et plus d'une fois nous fûmes surpris au comble du bonheur par l'impression la plus profonde et la plus terrible que puisse recevoir un homme qui n'est livré ni à l'ambition des places, ni à celle de l'esprit.

Dispensez-moi, Monsieur, de vous décrire l'irruption et les craquemens du Vésuve, et sachez-moi gré de cette modération. Un écrivain de nos jours ne manquerait pas de chercher à vous persuader qu'il a eu de grands plaisirs, et voudrait à toute force vous les faire partager par l'emphase de ses discours.

Tout périt. Un tremblement de terre renversa notre bonheur, engloutit, hélas ! Hélène et Déidamie. La contemplation habituelle des fumées du volcan, les secousses fréquentes qu'il occasionne les avaient rendues insensibles à la crainte ; elles jouissaient paisiblement, ainsi que nous, de la grandeur du spectacle. Nous les vîmes disparaître. Le feu dévora ce séjour enchanté, nos collines furent remplacées par des lacs et des gouffres.

Nous quittâmes ces lieux trop aimés, nous parcourûmes encore une fois la Grèce et l'Italie ; le dérangement de notre fortune nous força à nous livrer au commerce, nous la rétablîmes.

Nous n'étions plus jeunes, et je pensais à

finir doucement ma vie sous le toit paternel; mais mon ami toujours triste, mélancolique, n'avait pu effacer de sa mémoire les jours que nous avions passés près de Naples ; il regrettait sans cesse, et ce ciel voluptueux, et ce magnifique paysage dont nous avions si bien joui ; il se représentait toujours cette maison, ces collines, ces forêts de fleurs qui avaient été notre ouvrage. Pour calmer sa douleur, il dessinait nos jardins, nos points de vue ; il arrêtait, en pleurant, son pinceau sur le bosquet favori où il allait se perdre avec Hélène.

Il conçut le projet de rétablir notre demeure telle qu'elle était autrefois, son bonheur en dépendait. Je le suivis. Mais nous ne fûmes pas plutôt arrivés sur cette terre de désastres, que je sentis combien il nous serait difficile d'atteindre son but; on pouvait relever la maison, on pouvait tirer parti des jardins; nos collines n'existaient plus, mais d'autres s'étaient élevées qui ne le cédaient en rien aux anciennes pour la hauteur et la majesté; la végétation paraissait devoir être plus vigoureuse dans le nouveau terrain ; nous pouvions y ménager des perspectives aussi variées, aussi frappantes que celles d'autrefois ; la vue pouvait même percer plus loin ; ces beaux lieux, enfin, n'attendaient pour briller encore que l'arrivée de leurs anciens maîtres. Mais mon ami ne voulut jamais se départir de son plan; j'eus beau lui dire que nous ferions mieux de profiter des plaisirs nouveaux que le ciel nous indiquait; que notre bonheur actuel pouvait être égal à l'ancien, sans venir tout à fait des mêmes causes; que nos biens seraient dissipés par le travail qu'il voulait entreprendre ; que notre vie déjà avancée n'y suffirait pas : je ne pus rien obtenir. Incapable de se livrer à d'autres sentimens, il aurait désiré conserver jusqu'aux traces des pieds d'Hélène, et se faire une vie toute de souvenirs.

Je cédai à ses instances, nous nous dévouâmes à cette nouvelle création; nous réussîmes à reproduire des détails pleins de grâce, mais sans beauté et sans proportion. A mesure que nous retrouvions quelques plaisirs, notre courage s'accroissait; nous essayâmes donc de relever les anciennes collines ; mais plus nous aspirions à atteindre ce terme de nos travaux, plus nous nous aveuglions sur les moyens: nous eûmes la pensée de combler les lacs et les gouffres par l'abaissement des collines que le tremblement de terre avait formées ; nous tentâmes cette grande entreprise : à peine furent-ils comblés que les terres nous manquèrent ; il fallut songer à en acheter chez nos voisins. Jaloux du succès qui commençait à couronner nos travaux, ils nous imposèrent des conditions onéreuses : nous étions presque ruinés, le charme de notre habitation avait disparu, nos jardins étaient devenus communs et plats : nous fûmes forcés de les quitter encore une fois ; découragés, pleins de repentir et n'espérant plus que la vie du vulgaire, nous revînmes végéter en Champagne.

Que pensez-vous, Monsieur, de mon histoire ? Ne vous semble-t-il pas que je sois payé pour n'être pas de l'avis de ceux qui désirent le rétablissement de la constitution de la France, telle qu'elle était sous Louis XIV ?

Peut-être que cette histoire est un peu longue, et qu'on pouvait réfuter en deux lignes une opinion qui doit avoir bien peu de poids, je ne dis pas auprès des hommes qui jugent notre siècle, mais auprès de ceux même qui n'ont vu que superficiellement ce qui s'est passé en France depuis vingt-cinq ans. Je me suis livré au charme des souvenirs; pardonnez-moi, comme j'ai pardonné à mon ami.

Je ne veux me fâcher que contre ceux qui tranchent et qui disent nettement *point de constitution*. Je suis jaloux de gens qui ont le travail si facile. Quelles peuvent être les vues de ces Messieurs? Si on leur répondait: « Vous avez tort; demandez une cons-
» titution, c'est votre intérêt, car on veut
» la faire pour vous, tout exprès : vous êtes
» jaloux de quelqu'un, hé bien! on vous le
» sacrifiera; les places si enviées parmi nous,
» les honneurs qui servent à obtenir des
» places, tout sera pour vous, je vous le ré-
» pète. Soyez donc sages et songez à ce que
» vous dites. » Pensez-vous qu'alors ils ne demandassent pas à grands cris cette constitution dont ils ne veulent pas qu'on s'occupe? N'aurait-on point par-là leur secret? Et ne verrait-on pas que leur vœu n'est qu'un outrage fait à un Roi qui veut régner pour le bonheur de tous les citoyens?

Comment m'y prendrai-je pour vous prouver la nécessité d'une constitution? Je ne voudrais pas tomber dans la métaphysique; je ne voudrois parler ni de pacte social, ni du bonheur des peuples, ni des horreurs du despotisme, choses sur lesquelles on a tant écrit, sur lesquelles on a si peu lu et si peu pensé, et dont on parle toujours, car il faut parler. Je ferai vite une seule observation : lorsqu'un peuple fait les premiers pas vers la civilisation, il se choisit un chef; ce chef qui est en général l'homme de la nation qui a montré le plus de caractère ou qui en a imposé par des passions inconnues au peuple, ce chef abuse de sa puissance. Le second pas vers la perfection de la société est donc de poser des limites au pouvoir du monarque, de garantir ce pouvoir si nécessaire à la sûreté et au bonheur de tous, des fureurs d'un peuple qui renverse son ouvrage en un instant; en un mot, de l'affermir par des lois auxquelles tout se soumet. Les lois fondamentales d'un état, une constitution, est-ce la même chose pour vos beaux esprits? Veuillez le leur demander. S'ils répondent que oui, j'intéresserai leur amour-propre, en leur disant à mon tour : Messieurs, voulez-vous reculer au premier pas de la civilisation? Voulez-vous être demi-sauvages? Voulez-vous même, pendant que vous y êtes, marcher à quatre pattes?

Mais pourquoi des thèses générales, lorsque les faits sont sous nos yeux? Examinons plutôt les opinions qui régnaient en France avant que l'heureux retour des Bourbons et les espérances qu'ils font concevoir eussent réuni tous les esprits.

Buonaparte s'était fait un grand parti; les hommes qui gémissaient sous son joug de fer, mais qui craignaient encore plus un avenir inconnu, ceux qui étaient trop faibles pour soutenir l'idée des sacrifices exigés par le bien public, ceux qui étaient assez aveugles pour espérer que Buonaparte nous sauverait des malheurs d'une guerre que son ambition avait rendu si redoutable, les acquéreurs des biens nationaux tremblans sans motifs pour leur propriété, désiraient la conservation de son gouvernement.

D'autres qu'éblouissaient sa fortune et ses actions éclatantes, dont l'esprit, abjurant la raison et l'amour de la patrie, était subjugué par la force de son caractère et l'impétuosité de ses volontés, étaient attachés à sa personne, et voulaient que la France, aveugle au bord de l'abîme et ivre d'une gloire fausse et précaire, fléchît sous l'homme qui les faisait trembler.

L'admiration, Monsieur, nous a fait bien du mal. Aurons-nous un article de la constitution qui nous la défende à l'avenir?

Enfin, Buonaparte était soutenu par la multitude de français qu'il avait intéressés à sa cause et par cette grande machine du pouvoir exécutif, modèle à suivre dans une vaste monarchie, et qu'on aurait admirée si elle avait été mue par d'autres lois.

A Dieu ne plaise que je veuille dire ici que tous les français qui ont concouru à l'administration de Buonaparte et qui ont si fort élevé la gloire de nos armes, ne fussent guidés que par un lâche intérêt personnel! De si petites ames n'auraient pas produit d'aussi grandes actions. Je ne suis pas de ces hommes mécontens qui croient faire preuve d'une ame supérieure en méprisant la patrie, et sa gloire est plus pure qu'on n'affecte de le dire aujourd'hui : c'est où l'honneur les appelait que volaient nos héros; c'est au poste où les retenaient leurs sermens que nos magistrats demeuraient fidelles.

Le parti des Bourbons était celui des hommes sages et clairvoyans, des hommes d'état qui voyaient depuis long-temps que la France n'avait plus de refuge assuré que dans les bras de cette antique famille; il était surtout le parti du peuple. Combien de fois dans nos villages de Champagne, tristes victimes des fureurs de Napoléon, ai-je entendu ce peuple malheureux s'écrier en plurant : Mais où est donc le Roi? quand pourrons-nous le faire venir? Les propriétaires, les nobles, ont désiré le retour des Bourbons; mais ils n'ont jamais fait hautement entendre leurs vœux comme ce peuple qui a si bien mérité les bienfaits que lui prépare un roi patriote.

Venait enfin le parti des républicains. Ne vous effrayez pas trop de ce mot, et n'en riez pas; nous sommes enfans et disciples de la révolution : la révolution est née des progrès de l'esprit humain et de la faiblesse des anciennes institutions; je pourrais dire de la nécessité. Les principes qu'elle a fait germer en France, et comme nous le voyons aujourd'hui, en Europe, sont éternels; c'est elle qui rend libre l'Espagne, la Hollande et l'Italie; c'est-elle qui comprime de tout le poids de l'opinion, les gouvernemens qui sont encore arbitraires et qui a écrit des constitutions dans tous les cœurs. Des gens qui savent aussi bien que moi toutes les infortunes qu'a produites une secousse dont profiteront peut-être les générations futures, ne manqueront pas de s'étonner ici que j'ose souhaiter la conservation du bien, né de tant de maux passés; ils se plaindront que je ne m'indigne pas de nos fautes et de nos crimes. Je suis vieux et ne m'indigne plus. Je choisirais mal mon temps, puisque de si grandes misères vont naître enfin les leçons de l'expérience, et que ces leçons vont être appliquées au bonheur qui nous reste et à celui de nos fils.

Je dis donc qu'il y avait des républicains en France, que les idées républicaines étaient celles du plus grand nombre des français, et des français qui, par leur mérite et leur influence, forment l'opinion dominante.

J'ai toujours peur de vous révolter, et j'arrive bien vite à expliquer mes républicains. L'expérience de la révolution et le despotisme de Buonaparte avaient appaisé l'effervescence de leurs têtes; ce n'étaient plus ces hommes sans frein qui croyaient qu'un peuple était libre lorsqu'il avait le droit de se gouverner lui même; non, nous n'avions plus de Brutus, et nous l'avons bien prouvé.

Ces républicains nouveaux n'aimaient donc plus que la liberté, et non la chimère de la démocratie française. Témpérés par les excès du gouvernement populaire et par ceux de la tyrannie, ils étudiaient, ils admiraient la constitution de l'Angleterre, ils soupiraient pour qu'on nous rendît dignes d'en recevoir la forme. Ennemis acharnés de l'homme qui nous en avait ravi l'occasion et qui, pour mieux nous rendre esclaves, accoutumait l'esprit public à ridiculiser toutes les idées libérales ; c'est vers les Bourbons qu'ils tournaient les yeux ; c'est en invoquant leur retour qu'ils invoquaient la liberté, c'est par eux qu'ils espéraient profiter des malheurs que ces princes avaient partagés avec leur pays, et de vingt-cinq ans d'une révolution d'où sortira l'union immortelle et éclairée des peuples et des rois.

Si je ne me trompe pas sur la nature et le nombre des partis qu'on distinguait en France, on doit en conclure que tous les esprits seront satisfaits par le retour des Bourbons, par une constitution mûrement méditée, et par la garantie des intérêts créés par Buonaparte, garantie déjà assurée par la parole du souverain, et qui, on peut le prédire, sera désormais un des plus fermes appuis du trône et des lois sur lesquelles il s'établira.

Si je déduis encore de cette revue qu'une constitution est indispensable, vous me répondrez que je n'ai observé que des opinions et non des partis ; que les Français abattus, apathiques, se contentaient de vains désirs et ne les auraient appuyés d'aucune action.

J'en conviens, mais pourrait-on lutter avec l'opinion générale? concevriez-vous qu'un gouvernement dont le système serait directement opposé à l'esprit et aux lumières de son peuple, pût avoir quelque stabilité? Ne sait-on pas qu'une opinion éclate tôt ou tard en actions, et que sans le frein volontaire et respecté des institutions et des habitudes, il n'y a plus que la force entre le peuple et le souverain? Il est temps, ce me semble, de nous mettre en garde contre cette impatience d'action, sans but et sans mobile déterminé, qui nous saisit tous les quatre ou cinq ans, et de la remplacer en donnant à nos ames une action constante et vigoureuse, produit de l'amour des lois et de la chose publique.

Louis XVIII l'a senti mieux que tous les français ensemble. Roi par le droit de sa naissance, rappelé par les vœux de son peuple, mais non par ses efforts; ce prince, le plus généreux des princes, veut employer sa puissance à nous donner des lois que nous n'avons pas le courage de désirer. Tandis que son caractère personnel devrait rassurer contre le pouvoir illimité qu'on pourrait lui confier, il nous invite lui-même à profiter des lumières que nous avons répandues en Europe, et qui pourtant étaient prêtes à s'éteindre chez nous.

Honneur, gloire, amour à ce Roi ami de la patrie! à ce Roi qui seul aura connu la vraie grandeur! plus heureux mille fois que tous les rois d'Angleterre, à qui la constitution fut arrachée par force et par lambeaux; c'est de sa volonté seule que la France tiendra tout son être; c'est à lui que ses successeurs devront un pouvoir inébranlable : c'est de ce Roi sage que datera désormais la gloire de la France. Son nom sera béni par les races futures; il le sera par une nation libre. Remercions-le de n'avoir point désespéré d'un peuple momentanément flétri par la servitude.

Mais que ce peuple se ranime donc! qu'il rallume son courage aux rayons du nouvel astre qui va briller sur la patrie! qu'il ne se tourmente plus pour s'avilir lui-même! qu'il se rappelle sa gloire, ses vertus et se montre digne de seconder Louis dans son héroïque entreprise! qu'il obtienne par ses sacrifices le droit que vont acquérir tous les peuples de l'Europe, de pouvoir, au cri chéri de *vive le Roi!* joindre le cri glorieux de *vive la liberté!*

DEUXIEME LETTRE.

Méry-sur-Seine, le 2 mai 1814.

A Monsieur P. de B., à Paris.

Dans ma lettre d'hier, Monsieur, je me suis emporté. J'ai été poussé par un beau zèle constitutionnel. Pour un Français, c'est une bonne fortune. Mais cette nuit, j'ai fait des réflexions : des objections d'une grande force se sont présentées à moi, et je croirais presqu'aujourd'hui que, comme le disent vos aimables, *il ne faut point de constitution*.

D'abord, voilà bien des constitutions. Outre la constitution anglaise, mère commune, nous aurons l'espagnole, la hollandaise, la nôtre, sans compter celle des dix-neuf cantons, et que tous les petits états vont s'en mêler et suivre nos grands exemples : voici donc ma première objection. Les Anglais, en parlant de leurs lois à des étrangers, prennent une attitude fière, méprisante; ils font sonner les mots de *constitution anglaise* : ils ont toujours à la bouche ceux d'*un Anglais, un vrai Anglais, un homme libre Anglais*, et tout cela outre la force qu'en retire la constitution, ne laisse pas de donner dans le monde une certaine contenance, de faire plaisir à celui qui se croit le droit d'être fier. Or, dites-moi, Monsieur, ce que nous ferons d'une constitution, nous autres, si nous ne pouvons prendre l'air cavalier, frapper de notre canne dans nos mains, et dire, la *constitution française, un Français se doit à lui-même, un libre Français*, car vous comprenez bien que nous ne pourrons jamais nous vanter de posséder ce dont toute l'Europe jouira, et qu'un bonheur qu'on n'a pas tout seul tente bien peu. Me voilà donc par cette seule raison dégoûté de la constitution.

Mais il y en a bien d'autres : les hommes vont devenir sérieux et attentifs au bien public : ils ne le sont déjà que trop; des idées étroites de justice étoufferont bien des plaisanteries : le vaudeville tombera : on parlera politique dans les sallons et même à table : faudra-t il que les femmes se retirent au dessert, comme en Angleterre, ou bien qu'elles lisent Montesquieu? Iront elles nous préparer du café dans la salle voisine, ou rechercheront-elles avec nous, si la vertu, l'honneur et la crainte, sont les principes ou les conséquences des trois gouvernemens? L'un et l'autre parti présentent de graves inconvénients. Quoi! nous perdrions le reste de notre galanterie! nous souffririons que nos femmes aimassent la liberté! que dis-je? qu'elles se mélassent des élections et donnassent des baisers à des charbonniers (*), afin d'en obtenir des suffrages pour nous (non pas pour nous, pour leur amants)? et le tout pour une constitution. Gardons-nous de tomber dans une telle anarchie.

Enfin, Monsieur, si nous exilons notre gaieté naturelle, si l'ordre social est tellement établi que l'intérêt de chacun soit l'intérêt public, si toutes nos actions concourent à un but unique, songez qu'il n'y a plus rien au monde que de louable ou de méprisable, qu'il n'y a plus de ridicule et plus de comédie; que, pour rire, nous

---

(*) Tout le monde sait que la charmante duchesse de Devonshire, chantée par Delille, distribuait des baisers aux bouchers de Londres, pour gagner des votes à M. Fox, qui ne lui inspirait pourtant aucun intérêt personnel.

serons obligés de nous jeter dans la charge, qu'il faudra appeler à notre secours Polichinelle ou faire construire pour Brunet une salle assez vaste et assez sonore pour que la moitié de Paris, au moins, puisse jouir à la fois de ce grand acteur. Alors la partie sérieuse et respectable de la nation s'indignera, dira que l'esprit public exige qu'on revienne à Molière. L'esprit public répondra qu'il n'y comprend rien, des luttes terribles s'engageront entre la partie sérieuse et l'esprit : des hommes attrabilaires y verront la chûte de la gloire nationale, delà le spleen et les boxeurs que notre vanité repoussera comme tenant de la barbarie insulaire.

Il me vient encore une crainte que je soumets à la rectitude de votre jugement. La chambre des départemens aura des orateurs : on assure que ces orateurs emportés par la véhémence de la passion, ou attentifs à suivre leurs raisonnemens, ne respectent pas toujours la langue : ils auront plus de chaleur que d'harmonie ; ils chercheront quelquefois l'incorrection, des mots nouveaux ou durs rendront souvent mieux l'énergie de leurs pensées : il s'ensuivra un néologisme désastreux : l'académie méprisera nos orateurs :

ceux-ci regarderont en pitié les discours académiques : ajoutez un peu de cœur aux uns et aux autres, et voilà encore des boxeurs dans la meilleure compagnie. Ne pensez-vous pas, Monsieur, que déjà nous boxons, et que la constitution que vous m'avez envoyée, a été faite à coups de poing ?

Si vous trouvez que j'ai plus de raison dans cette lettre que dans la précédente, dites-le moi et je ne vous parlerai plus de constitution : si vous me blâmez, je m'en rapporte à vous, car vous demeurez à Paris, c'est là qu'on décide des modes et des lois ; c'est là qu'on règle les sentimens et les pensées de la province : mais, au nom du ciel, ne bannissons pas l'amour volage de notre aimable France, et en faisant le bien général, conservons un peu de plaisir.

J'ai l'honneur d'être, etc.

www.ingramcontent.com/pod-product-compliance
Lightning Source LLC
Chambersburg PA
CBHW070544050426
42451CB00013B/3168